AF461207

INSTRUCTIONS

POUR LE SERVICE DES INSPECTEURS

DES VOITURES DE PLACE

FAISANT PARTIE DE L'UNION.

4528

36773

TABLE.

UNION

DES ENTREPRENEURS DES VOITURES DE PLACE.

INSTRUCTIONS

POUR LE SERVICE DES INSPECTEURS.

BIBLIOTHÈQUE IMPÉRIALE

ARTICLE PREMIER.

Lorsque les suppléants auront fini leur noviciat, ils seront inscrits au registre du personnel, qui indiquera leurs nom, prénoms, âge, lieu de naissance, domicile et date de leur nomination.

ART. 2.

Aussitôt que les formalités ci-dessus seront remplies, les inspecteurs suppléants devront se pourvoir de la tunique d'uniforme, de la casquette d'ordonnance et porter une cravate noire, suivant les dispositions énoncées au cahier d'admission qu'ils auront signé.

ART. 3.

Ils doivent justifier qu'ils ont une montre, marchant régulièrement, et un parapluie, afin de pouvoir poinçonner, malgré le mauvais temps.

ART. 4.

Les suppléants devront arriver, les jours où ils seront disponibles, à huit heures du matin au bureau.

A leur arrivée, ils sont tenus d'inscrire leur nom sur l'ardoise à ce destinée, et ensuite ils devront se retirer dans la salle d'attente.

ART. 5.

Lorsqu'un suppléant recevra un ordre de service, il devra effacer son nom de l'ardoise. L'oubli de cette formalité entraînera une mise à pied.

ART. 6.

Lorsqu'un suppléant recevra un ordre pour aller relever un inspecteur en pied, il devra se présenter, le jour où il recevra cet ordre, sur la station ou sur la section de celui qu'il devra remplacer, afin que celui-ci inscrive, au dos dudit ordre, le travail que le remplaçant doit faire, l'heure des ou du repas, et se renseigner comment il pourra faire parvenir son rapport au bureau, et l'endroit où il devra le déposer à cet effet.

Il fera apposer au titulaire qu'il remplacera son poinçon à l'endroit destiné à cet usage, et ne laissera apposer le poinçon de reprise que la veille de la reprise à l'endroit indiqué par le bulletin. Les suppléants sont prévenus que s'ils laissaient apposer le poinçon avant ce jour, Messieurs les contrôleurs sont chargés de surveiller l'exactitude de cette formalité qui, n'étant pas observée, ferait infliger une punition au suppléant. Ce suppléant commencera le lendemain le service à l'heure indiquée au dos de son ordre de service.

ART. 7.

Chaque fois qu'un suppléant ira remplacer un inspecteur pour le repos du mois (la durée obligatoire de ce repos est de 2 jours), le titulaire devra se présenter la veille, lui déclarer sa reprise, et apposer son poinçon à l'endroit indiqué. S'il ne se présente pas le deuxième jour, le suppléant devra rester sur la station jusqu'à ce qu'il lui soit présenté un ordre de reprise, qui doit toujours être présenté la veille, sans rature ni surcharge. Le suppléant encourrait une punition s'il souffrait la moindre infraction à cette disposition.

ART. 8.

Lorsqu'un suppléant recevra un ordre de service pour aller remplacer un inspecteur en pied suspendu pour cause d'infraction au service entraînant une mise à pied, il se rendra sur-le-champ près de l'inspecteur suspendu, lui remettra l'ordre de cesser son service, recevra le travail commencé, effacera le nom de l'inspecteur suspendu, biffera son poinçon, mettra son nom et son poinçon, et continuera le travail commencé.

ART. 9.

Chaque fois qu'un suppléant ira relever par punition, il aura le soin de demander au bureau que l'on inscrive sur son ordre de service le travail qu'il doit faire. Celui qu'il remplacera, s'il est en pied, devra se présenter la veille de sa reprise et lui remettre un ordre de reprise exempt de rature et de surcharge.

ART. 10.

Les inspecteurs suppléants, pour exécuter les ordres qu'ils recevront, auront à se conformer aux instructions qui vont suivre.

ART. 11.

Les inspecteurs en pied et suppléants devront se tenir proprement, et chercher, par leur extérieur et leur langage, à exercer sur les cochers une influence morale qui leur rendra plus facile l'accomplissement de leurs devoirs, être sobres de questions et ne répondre à aucune; ils se borneront à leur dire : *Cocher, votre feuille, s'il vous plaît.* Si les cochers sont en défaut, les inspecteurs et suppléants feront un rapport sans rien dire; c'est par le silence le plus complet que les agents éviteront toute discussion.

ART. 12.

Pour fonctionner, l'inspecteur doit être revêtu de l'uniforme ci-après :

Pour l'hiver. — La tunique en drap bleu de roi, pantalon même couleur, caban même couleur en drap imperméable, cravate ou col noir, et casquette d'ordonnance.

Pour l'été. — La tunique, la casquette, la cravate ou le col noir, pantalon en toile écrue ou coutil;

Avoir une montre marchant régulièrement, et un parapluie pour pouvoir fonctionner par le mauvais temps.

L'administration leur fournit : un poinçon portant le numéro qui correspond à leur rang d'ancienneté;

Un calepin en cuir noir;

La liste des entrepreneurs, leurs demeures, les marques distinctives de leurs voitures;

Une feuille de toutes les places de Paris, par ordre de numéro, et une feuille des sections et divisions.

Mais ils devront acquérir à leurs frais le règlement et la nomenclature de toutes les voitures faisant partie de l'*Union*. Dans ce règlement sera tracé le travail que doit faire chaque inspecteur dans ses divers services.

ART. 13.

Marques distinctives des Inspecteurs divisés en quatre classes.

Chef de station : Collet et parements brodés, et galon à la casquette.

Inspecteur de 1re classe : Collet et parements brodés.

Inspecteur de 2e classe : Parements brodés.

Suppléant : Tunique unie, sans broderie.

ART. 14.

Les chefs de station ont non-seulement la responsabilité du service de la station où ils sont employés, mais encore ils sont responsables des fautes que les agents placés sous leurs ordres peuvent commettre. Ils doivent, en cas de désobéissance aux ordres qu'ils auront donnés à leurs subordonnés, ou d'inexactitude, adresser un rapport au directeur.

ART. 15.

Lorsque, par suite d'un service extraordinaire, un ou plusieurs agents seront envoyés aux chefs de station, ceux-ci auront sur ces auxiliaires la même autorité et la même responsabilité que celles expliquées dans l'article précédent.

ART. 16.

Lorsque plusieurs agents seront requis pour un service extraordinaire, celui qui recevra du directeur l'ordre de distribuer le service aura, par ce fait, l'autorité et la responsabilité énoncées dans l'article 15.

ART. 17.

Lorsqu'un chef de station sera malade, en punition ou en repos, l'inspecteur de service régulier sur la station en prendra le commandement, et sera responsable comme chef de station.

En cas de décision contraire, le directeur enverra un ordre spécial.

ART. 18.

L'inspecteur stationnaire devra procéder comme suit :

Lorsqu'il arrivera sur la station, il devra commencer par la tête de la place, surchargera à l'encre le numéro de la place, l'heure d'arrivée ; s'il n'a pas de produit à marquer dans la colonne du contrôle, il posera son visa en haut de la feuille ; il portera sur sa feuille de travail le numéro qu'il vient de viser, l'heure du visa, la désignation de la voiture, et ainsi de suite jusqu'à la dernière voiture ; il se tiendra à la queue de la file pour viser les voitures au fur et à mesure de leur arrivée, et, chaque fois qu'il verra un mouvement indiquant un départ, si c'est une voiture de l'*Union*, il mettra l'heure du départ en face du numéro de la voiture partie.

ART. 19.

Lorsqu'un inspecteur sera de service sur une place pourvue d'une *réserve*, et aussitôt que les cantonniers ou les surveillants enverront les voitures à la réserve, il s'y rendra pour contrôler les feuilles au fur et à mesure de l'arrivée des voitures sur cette réserve; il y restera tant qu'il y aura des voitures. Lorsque la réserve sera épuisée, il reviendra sur la place, collationnera sur son calepin les voitures qui ne se trouveraient plus sur la station, et il mettra un P dans la colonne des *départs*.

ART. 20.

Lorsqu'un inspecteur passera à une réserve, il aura le soin d'écrire en gros caractères : *Réserve*, et quand il passera sur la place, il écrira : *Place*. Il répétera cette inscription autant de fois qu'il ira ou sur la station ou à la réserve.

ART. 21.

L'inspecteur de service stationnaire sur une place pourvue d'un *Avançage* mettra sur sa feuille de travail l'heure à laquelle le cantonnier sera venu faire passer des voitures à l'avançage, à côté de l'heure d'arrivée ; il ira le plus souvent possible à l'avançage, au moins trois fois l'heure, pour s'assurer que les numéros qui s'y trouvent sont bien partis du corps de la place. Dans le cas où il s'en trouverait ne sortant pas de la station, il visera les feuilles.

ART. 22.

Lorsqu'un inspecteur sera sur une place ou sur une réserve, et qu'il y trouvera une ou plusieurs voitures en plus que le nombre voulu pour y stationner, il s'abstiendra de viser les feuilles avant qu'elles soient entrées en place. Son contrôle mentionnera l'heure à laquelle il apposera son poinçon, sans se préoccuper de l'heure d'arrivée du cocher, quand même l'inspecteur l'aurait vu arriver hors place. *Exemple :* Si le cocher arrive à **7 h. 1/2**, et qu'il n'entre en place qu'à **8 h. 1/2**, le visa devra être **8 h. 1/2**.

ART. 23.

Le nombre des voitures qui doivent stationner sur les places, réserves ou avançages, est toujours peint sur les murs en tête de ces places, réserves ou avançages.

ART. 24.

L'inspecteur stationnaire qui verra une ou plusieurs voitures gardées sur ou en face sa station, devra viser comme il est dit à l'article des *voitures gardées.*

ART. 25.

Lorsqu'un inspecteur stationnaire verra faire un ou des raccrocs devant sa station, il procèdera comme il est dit aux *voitures faisant raccroc.*

ART. 26.

Inspecteurs ambulants.

Les inspecteurs ambulants, suivant le nombre de places qu'ils ont à parcourir, procèderont comme suit : chaque jour ils changeront leur itinéraire, c'est-à-dire la place par laquelle ils doivent commencer, pour dérouter, sur la régularité de l'heure à laquelle ils passent, les cochers habitués à fréquenter les places qu'ils ont dans leur section.

ART. 27.

Pour faire leur service à leur arrivée sur chaque place, ils procèderont, pour le visa, comme il est dit à l'article 18, en ayant le soin d'indiquer si c'est sur la place, sur la réserve, ou à l'avançage qu'il a trouvé les voitures.

ART. 28.

Dans toute l'étendue du parcours où sont situés les emplacements que l'agent doit visiter, il procèdera, pour toutes les voitures qu'il trouvera gardées, comme il est dit à l'article des *voitures gardées.*

ART. 29.

L'inspecteur ambulant qui verra faire un raccroc dans l'étendue de son parcours en fera le rapport comme il est dit aux *voitures faisant raccroc.*

ART. 30.

Lorsqu'un inspecteur sera témoin d'un accident arrivé à l'une des voitures de l'*Union*, ou causé par l'une d'elles, il procèdera de la manière suivante :

1° Il prendra les noms et les adresses des personnes qui auront vu le fait, et non ceux des personnes qui l'auront entendu dire ;

2° Ils s'adresseront de préférence aux personnes connues et établies dans le quartier ;

3° Ils recueilleront le plus de renseignements possibles, les mentionneront dans un rapport spécial, y donneront leur avis personnel, et feront parvenir le tout par un exprès au bureau de l'*Union* jusqu'à 4 h. du soir.

ART. 31.

Il arrive journellement des avaries aux voitures sur les places, par suite de la négligence des cochers ; les inspecteurs devront apporter une grande attention à signaler ces faits provenant de diverses causes :

1° Les cochers jettent souvent entre les jambes de leurs chevaux l'eau qui reste dans leur seau ; les chevaux reculent, par ce fait, les chevaux des voitures qui sont derrière reculent, et, s'il se trouve dans la file une voiture à deux chevaux, ceux-ci reculent à leur tour, le bout du timon entre dans le panneau de derrière de la voiture précédente, et le défonce ; l'agent indiquera donc dans son rapport le numéro de la voiture qui est la cause du reculement.

2° Pareil fait se renouvelle lorsqu'un cocher maltraite son attelage : l'animal, pour se soustraire aux mauvais traitements, recule et occasionne le même accident : l'agent devra donc indiquer dans son rapport le numéro de la voiture du cocher qui, ayant battu son attelage, aura été la cause de cet accident.

ART. 32.

L'inspecteur stationnaire ou ambulant procèdera comme suit sur la feuille où se fait le *Résumé* :

1° Le jour de la semaine ;
2° Le numéro de la place ;

3° Son nom et son poinçon;
4° La section et la division
5° La date;
6° Voitures poinçonnées;
7° Voitures chargées;
8° Voitures arrivées chargées;
9° Voitures faisant raccroc;
10° Voitures gardées;
11° Voitures ayant des contraventions;
12° Voitures sorties ou entrées vides ou chargées venant de l'extérieur;
13° Le nombre des voitures restant sur place.

ART. 33.

Le même agent commencera par inscrire le numéro, l'heure du visa, la désignation de la voiture, et continuera le travail jusqu'au bas de la troisième feuille.

La quatrième feuille est spécialement affectée à tenir note des voitures gardées et à copier textuellement les rapports de contraventions. Si l'agent est du service de nuit, au moment où il s'en ira, il revisera toutes les voitures qu'il laissera sur la place, et en donnera le relevé sur son travail.

ART. 34.

Les inspecteurs qui ont dans leur station un défilé de théâtre ne peuvent quitter leur station qu'après l'entier accomplissement de ce défilé, quand bien même ce défilé aurait lieu après minuit, et, dans le cas où le défilé serait effectué avant minuit, les inspecteurs ne pourront quitter leur station qu'à minuit.

ART. 35.

Lorsque la feuille de *Résumé* sera remplie jusqu'au bas de la troisième feuille, il prendra une feuille intercallaire, la remplira entièrement, en ayant soin de numéroter les feuilles depuis 4 jusqu'à ce qu'il ait fini, quel que soit le nombre de pages à employer.

ART. 36.

Les inspecteurs ambulants feront leur feuille de *Résumé* pour la place la plus importante de leur section, mais ils feront autant de feuilles intercallaires qu'ils auront de places dans leur section; en tête de chaque feuille intercallaire ils indiqueront le numéro de la place pour laquelle cette feuille est destinée.

S'ils trouvent pendant plusieurs fois les mêmes numéros sur la station, ils viseront la feuille du cocher en haut de la feuille, et mettront sur sa feuille de travail les heures où il aura apposé son visa à côté du premier visa, en observant avec soin si le cocher n'a pas fait de course et n'est pas revenu sur la même place. (Les voitures qui précèdent seront pour lui un renseignement certain.)

ART. 37.

Les inspecteurs stationnaires reviseront les feuilles toutes les heures 1/2; ils apposeront le *revisa* en haut de la marge blanche, afin de ne pas empêcher le visa dans le cas où cette voiture viendrait à être gardée.

ART. 38.

Les inspecteurs doivent rendre compte dans leur rapport journalier de ce qu'ils ont vu ou appris d'extraordinaire; si la Préfecture de Police fait ou prend de nouvelles mesures pour le service; si le surveillant ou le cantonnier a eu des difficultés avec des cochers; enfin, il devra faire connaître au bureau de l'*Union* tout ce qui sera survenu. Il vaut mieux qu'il signale un fait inutile ou insignifiant que d'omettre quelque chose qui pourrait être utile au service.

ART. 39.

L'inspecteur envoyé en service extraordinaire, soit de jour, soit de nuit, ne peut, sous aucun prétexte, ou pour quelque cause que ce soit, être dérangé du poste qui lui est assigné. Messieurs les contrôleurs qui jugeraient nécessaire ou qui voudraient changer les dispositions prises ou ordonnées par le directeur, devront lui remettre un nouvel ordre pour mettre à couvert la responsabilité de l'agent auquel la défense la plus formelle est faite de modifier l'ordre qu'il a reçu. Si l'ordre qui lui a été donné lui a dit de stationner à droite d'un boulevard, il ne pourra ni ne devra stationner à gauche, sous aucun prétexte. Pour que ce changement ait lieu, il recevra du contrôleur le nouvel ordre dont il est parlé plus haut. Les inspecteurs refuseront d'obéir à tous ordres verbaux des contrôleurs. Cependant, s'ils sont envoyés et mis à la disposition d'un agent, cette mention sera mise sur leur ordre, et les obligera à exécuter les ordres verbaux que peut leur donner l'agent chargé de l'ensemble du service.

ART. 40.

Les ordres qui portent un numéro d'ordre doivent être ponctuellement retournés avec le premier rapport. Après en avoir pris connaissance, l'inspecteur les signera ou apposera son poinçon, et, en travers de la feuille de *Résumé*, à droite, il mettra ces mots :

***Renvoyé l'ordre*, n° 379.**

ART. 41.

Les inspecteurs de l'*Union* auront soin, dans leurs rapports journaliers avec les surveillants de la Préfecture de Police, d'apporter la plus grande réserve et la plus grande politesse.

ART. 42.

Il est fait défense formelle aux inspecteurs de l'*Union* de s'immiscer en quoi que ce soit dans le service des surveillants de la Préfecture de Police, c'est-à-dire qu'ils ne devront, sous aucun prétexte, faire passer des voitures à l'avançage, s'il en manquait, ou envoyer des cochers à la réserve.

Ils doivent s'abstenir de toute intervention dans ce service qui est entièrement dans les attributions des surveillants et des cantonniers employés par la Préfecture.

La stricte observation de cette recommandation a pour but de vivre en bonne intelligence, et de maintenir la bonne harmonie qui doit exister entre des agents ayant un service si différent dans la manière d'opérer, mais dont les fonctions tendent cependant à arriver au même résultat.

ART. 43.

Un inspecteur de l'*Union* qui se croirait insulté par un surveillant, par un cantonnier ou par tout autre agent de la Préfecture de Police, s'abstiendra de répondre à aucun propos, mais il devra immédiatement en informer le directeur en lui adressant un rapport exact, fidèle et très circonstancié de ce qui se sera passé.

ART. 44.

L'inspecteur qui se trouverait gêné dans l'exercice de ses fonctions, soit par le surveillant, soit par les cantonniers, devra pareillement en informer aussitôt le directeur.

ART. 45.

Contrevenant aux dispositions des articles 41, 42, 43 et 44, l'inspecteur de l'*Union* qui aurait encore eu des torts envers un surveillant ou un cantonnier, et qui, pour ces faits, donnerait lieu à un rapport à l'autorité, sera suspendu immédiatement de ses fonctions, et comparaîtra ensuite devant le conseil qui statuera.

ART. 46.

Le rapport journalier doit être arrivé au bureau de l'*Union* à dix heures du matin. Passé cette heure, ce rapport ne sera plus reçu; il sera renvoyé à l'inspecteur retardataire auquel le prix de la journée ne sera pas compté.

ART. 47.

Lorsqu'un inspecteur n'aura pas rempli l'en-tête d'une feuille de *Résumé,* comme il est dit article 32, la feuille lui sera retournée par la poste, à ses frais, pour qu'il remplisse sur-le-champ cette lacune.

ART. 48.

Les inspecteurs, dans leurs rapports directs avec Messieurs les directeur, sous-directeur et contrôleurs de l'*Union*, devront observer la plus grande politesse, et avoir pour eux toute la déférence que des subordonnés doivent à leurs supérieurs.

ART. 49.

Cocher qui insulte le public; rapporter les expressions dont il s'est servi.

Souvent les cochers s'en prennent aux domestiques ou aux bonnes qui viennent chercher des voitures, surtout quand ces domestiques, au lieu de prendre la voiture qui est en tête, préfèrent en prendre une plus avancée dans la file; ou, si c'est pour un marché de campagne, si l'on ne leur donne pas le prix qu'ils demandent; ou qu'ils trouvent que l'on ne leur donne pas assez de *pour-boire.* L'inspecteur, pour ces faits, doit faire ces rapports sur bulletin *rose.*

ART. 50.

Inspecteur injurié par un cocher en faisant ce rapport.

L'agent aura le soin de rapporter textuellement les expressions dont on s'est servi, et le motif qui a donné lieu à l'insulte.

S'il est possible, il prendra des témoins pour le cas où le conseil voudrait traduire le cocher en police correctionnelle.

ART. 51.

Inspecteur qui est frappé par un cocher.

Il donnera un rapport bien explicite des causes qui ont amené la rixe. Il prendra surtout des témoins, afin qu'il puisse être poursuivi judiciairement.

ART. 52.

Cocher qui se bat avec un autre cocher.

L'inspecteur dira dans son rapport pour quelle cause les cochers se sont battus.

ART. 53.

Lorsqu'un inspecteur aura besoin d'un

congé extraordinaire, il en fera la demande au directeur 24 heures au moins à l'avance. S'il est possible de le remplacer, il sera prévenu la veille ; s'il ne reçoit aucune réponse, il est tenu de se rendre à son poste comme de coutume.

Aucune demande de congé ne doit être adressée pour avoir le repos les dimanches et fêtes.

Le congé extraordinaire n'empêchera pas le repos mensuel, lorsque le numéro de l'inspecteur arrivera à son tour.

ART. 54.

Chaque inspecteur en pied doit deux jours de congé par mois.

S'il a besoin d'un congé plus long, il se présentera devant le directeur pour l'obtenir. Si cela est possible, il lui sera donné un ordre de reprise spécial indiquant, sans surcharge ni rature, le jour où il doit reprendre. Il ne devra remettre cet ordre que la veille du jour où il doit reprendre.

ART. 55.

Interruption de service, par suite d'une indisposition subite.

Lorsqu'un inspecteur sera forcé, par suite d'indisposition subite, d'interrompre son service, il devra prévenir ou faire prévenir l'inspecteur le plus proche, afin que celui-ci, si cela est possible, le remplace dans son service, tout en continuant le sien. L'inspecteur remplacé devra informer le lendemain le directeur des causes de son interruption.

ART. 56.

Cas de comparution devant le conseil:

1° Avoir été trouvé en état d'ivresse;

2° Avoir refusé d'exécuter les ordres revêtus de la signature ou de la griffe du directeur, et remis par un de Messieurs les contrôleurs;

3° Avoir quitté son service avant le temps prescrit, et avoir fait un travail fictif, afin de dissimuler son absence;

4° Avoir été trouvé à boire avec un cocher;

5° Avoir manqué aux convenances en insultant un de Messieurs les contrôleurs, le sous-directeur ou le directeur.

6° Avoir donné lieu à un rapport des surveillants de la Préfecture de Police;

7° Avoir emprunté de l'argent à un cocher.

(Toute décision du conseil entraînant une punition est affichée dans l'intérieur du bureau et transcrite sur les feuilles matricules.)

ART. 57.

Punitions disciplinaires.

L'inspecteur sera puni disciplinairement par le directeur d'une mise à pied :

1° Pour être arrivé en retard sur sa station;
2° Pour s'être absenté sans autorisation;
3° Pour n'avoir pas revisé les feuilles toutes les heures 1/2;
4° Pour n'avoir pas visé une voiture gardée sur ou en face de la station, si cet inspecteur est stationnaire; ou sur son parcours, si cet inspecteur est ambulant;
5° Pour avoir fumé étant de service;
6° Pour avoir causé avec n'importe qui;
7° Pour être entré dans le bureau du surveillant; y avoir causé et négligé son service;
8° Pour avoir fonctionné sans montre marchant régulièrement;
9° Pour avoir fonctionné sans parapluie en temps de pluie;
10° Pour avoir omis de rendre compte d'un fait qui, quoique étranger au service, peut renseigner le directeur sur des mesures à prendre;
11° Pour avoir fait un bulletin indiquant un numéro qui n'était pas sur son travail, et que, par suite de ce bulletin erronné, le cocher ait été indûment mis à pied.

(Chaque punition disciplinaire est inscrite au registre du personnel et affichée dans le bureau.)

ART. 58.

Des Bulletins faux.

Tout bulletin faux est rendu à son auteur et, le jour de la paie, il lui est retenu 15 centimes par chacun de ces bulletins. Sont réputés bulletins faux:

1° Ceux qui auront indiqué une désignation autre que celle de la nomenclature;

2° Ceux qui n'auront pas mentionné l'heure du départ;

3° Ceux qui n'auront énoncé aucune désignation;

4° Ceux qui n'auront pas de date;

5° Ceux qui n'auront pas été revêtus du poinçon de l'inspecteur.

L'argent provenant de ces retenues est spécialement destiné au soulagement des agents malades. Le directeur, sur la demande qui lui est adressée, la soumet au conseil qui fixe le montant de l'indemnité à accorder à l'inspecteur malade.

ART. 59.

Lorsqu'un inspecteur aura besoin d'effets d'uniforme, il s'adressera au directeur qui lui donnera un bon pour le tailleur. Il lui sera fait une retenue mensuelle, calculée de manière à ce qu'il ne doive plus rien à la fin de décembre de chaque année.

Le directeur ne donnera aucun bon pour l'habit civil.

ART. 60.

Toutes les fois qu'il sera *minuit* ou *midi*, il faudra mettre *midi* ou *minuit* en toutes lettres, et non pas 12 en chiffres.

ART. 61.

Tout chargement qui aura lieu à partir de minuit, sera fait sur bulletin *rose.*

Voitures laissées sur place après minuit.

Chaque fois qu'un inspecteur quittera son service, il donnera sur sa feuille de travail les numéros qu'il a laissés sur la place.

Voitures laissées après minuit :

319

1119

464

110

890

999

701

ART. 62.

Les inspecteurs sont payés le 5 de chaque mois. Le paiement commence à 9 heures et doit être fini à 11 heures. Le retardataire sera mis à pied.

ART. 63.

Dans l'envoi du rapport il sera procédé comme suit :

On mettra les feuilles intercallaires dans la feuille de *Résumé ;* le tout réuni, on pliera les feuilles par le milieu, on mettra tous les bulletins *blancs* et *verts* au milieu, et les bulletins *roses* entre la deuxième et la quatrième feuille ; une bande de papier en croix contiendra toutes ces feuilles que l'inspecteur enverra avec son rapport. Il est défendu d'employer, pour les bandes, des imprimés de l'*Union.*

ART. 64.

Voiture abandonnée sur la voie publique.

Lorsqu'un inspecteur rencontrera sur la voie publique une voiture abandonnée ; après avoir fait la recherche nécessaire pour trouver le cocher, il renverra la voiture par un commissionnaire médaillé, dont il prendra le nom et le numéro, et lui donnera un ordre ainsi conçu :

Paris, 16 mars. Insp. n° 51.

6 h. soir. *Voiture abandonnée*

1575 *boulevard des Vertus*, 6.

Désirées. Renvoyée à M. Houllier, rue des Accacias, à Montmartre; à payer au sieur Hubaut, médaillé n° 6, 1 f. 50 c. *Partie à 6 h. 1/2 du soir.*

Paris, 4 juin. Insp. n° 14.

10 h. matin. *Voiture abandonnée*

444 *rue des Poissonniers*, 2.

MALDANT. Renvoyée à M. Maldant, rue Chabrol, à La Chapelle; à payer au sieur Louis, médaillé n° 1218, 1 f. 50 c. *Partie à 10 h. 1/2 du matin.*

Dans son rapport du lendemain, il donnera sur un bulletin *rose* la copie exacte du renvoi de la voiture abandonnée.

ART. 65.

Voiture abandonnée et envoyée en fourrière.

Lorsqu'un inspecteur rencontrera une voiture abandonnée sur la voie publique; après avoir recherché le cocher; ne le trouvant pas, si l'heure et l'endroit ne lui permettent pas de trouver quelqu'un pour reconduire la voiture, il la conduira jusqu'à la première place, en préviendra le surveillant, et fera un rapport sur bulletin *rose*.

Paris, 16 *mars.* Insp. n° 7.

1560 11 h. soir. *Voiture trouvée rue Boucherat.*

P. L.

Conduite place n° 46; prévenu le surveillant qui l'a envoyée en fourrière.

Paris, 16 *décembre.* Insp. n° 9.

1557 10 h. 3/4 soir. *Voiture trouvée rue du Colysée.*

Abeilles.

Conduite à la place n° 3; prévenu le surveillant qui l'a envoyée en fourrière.

ART. 66.

Bulletin sur papier *blanc*.

Voiture faisant raccroc.

(On entend par raccroc toute voiture chargeant ailleurs que sur la place.)

380 *Paris*, 10 *juin*. Insp. n° 5.

6 h. 1/2 soir.

Éoliennes. Boulevard Poissonnière. — *Fait raccroc.*

---

622 *Paris*, 7 *avril*. Insp. n° 36.

5 h. 3/4 soir.

Croix de Malte. Rue Saint-Denis. — *Fait raccroc.*

ART. 67.

Bulletin sur papier *blanc.*

Voiture chargeant sans visa pour les stationnaires.

1121 *Paris, 13 janvier.* Insp. n° 4.
6 h. 40 soir. *Place n°* **6.**
Lutéciennes Arrivé et chargé de suite sans visa.

1371 *Paris, 28 novembre.* Insp. n° 60.
Midi 1/4 soir *Place n°* **2.**
Désirées. Arrivé et chargé de suite sans visa.

Voiture chargeant sans visa pour les ambulants.

1001 *Paris, 17 août.* Insp. n° 26.
2 h. 1/2 soir. *Place n°* **42.**
DESSAUX. Chargeant à mon arrivée.

1525 *Paris, 26 septembre.* Insp. n° 44.
2 h. 45 soir. *Place n°* **36.**
Désirées. Chargeant à mon arrivée.

Toute voiture qui stationne 5 minutes doit être visée.

ART. 68.

Des Voitures gardées.

Lorsqu'une voiture est gardée, l'inspecteur doit demander, en la forme accoutumée, au cocher sa feuille; il y surchargera à l'encre l'heure du départ, apposera son poinçon à côté de cette heure, mettra dans la marge blanche l'heure de son visa, indiquera l'endroit où il a trouvé la voiture, et poinçonnera de nouveau.

ART. 69.

Il est fait défense formelle de prendre les feuilles dans les voitures, soit en l'absence, soit en présence du cocher; de recevoir la feuille d'un cocher étranger à la voiture, ou du cantonnier.

Il est aussi fait défense d'entrer chez les marchands de vins où sont les cochers, soit pour manger, soit pour viser leur feuille, ou à quelque titre que ce soit.

Toutes les fois qu'un inspecteur changera de domicile, il est tenu, sous peine de mise à pied, de donner sa nouvelle adresse.

Toutes les formules des bulletins, qui vont suivre, sont applicables à toutes les voitures de l'*Union*. Les numéros et les indications de MM. les Entrepreneurs ne sont ici que comme des exemples.

Art. 70.

Bulletin *rose.*

Voitures gardées dont l'heure n'est pas marquée.

Paris, 18 *juin.* Insp. n° 51.

889 Midi 1/4 soir. *Gardée rue Vivienne ;*

Comp. gén.

n'avait pas porté l'heure du départ ; *feuille barrée.*

Paris, 20 *août.* Insp. 30.

1525 2 h. 3/4 soir. *Gardée rue St-Honoré ;*

Désirées.

n'avait pas porté l'heure du départ ; *feuille barrée.*

ART. 71.

Bulletin *rose.*

Cocher qui refuse de passer au chemin de fer d'Orléans, au moment de l'arrivée du convoi.

Paris, 19 *août.* Insp. n° 46.

999 4 h. soir. *Place n°* 53.

DESSAUX. Resté à la grille, où il était encore à 5 h. soir, tandis que les 50 voitures de derrière ont chargé.

Paris, 10 *septembre.* Insp. n° 33.

69 6 h. 1/2 soir. *Place n°* 53.

HÉDELIN. Resté à la grille, où il était encore à 7 h. 1/4, tandis que les voitures qui le suivaient ont chargé.

ART. 72.

Bulletin *rose.*

Cocher venant d'être gardé, n'ayant pas porté l'heure du départ.

Paris, 23 *mars.* Insp. n° 17.

113 1 h. soir. *Place n°* **21.**

Comp. gén. *Venant d'être gardé ;*

n'avait pas porté l'heure du départ ; *feuille barrée.*

Paris, 23 *août.* Insp. n° 49.

1533 Midi 1/4 soir. *Place n°* **61.**

Bienvenues. *Venant d'être gardé;*

n'avait pas porté l'heure du départ ; *feuille barrée.*

ART. 73.

Bulletin *rose.*

Cocher arrivant sur place, ayant plusieurs produits à marquer.

Paris, 24 mars. Insp. n° 6.

3 6 h. 1/2 soir. *Place n°* **12**,

La Villette. *Arrivant sur place ;*

avait quatre produits à marquer.

Paris, 20 novembre. Insp. n° 51.

10 8 h. 1/4 soir. *Place n°* **29**.

Éoliennes. *Arrivant sur place ;*

avait deux produits à marquer.

ART. 74.

Bulletin *rose.*

Cocher arrivant de l'extérieur et marquant le prix de l'intérieur.

	Paris, 21 *janvier.*	Insp. n° 30.
477	6 h. 3/4 soir.	*Place n°* 30.
MALDANT.		*Descendant de Belleville ;*

a marqué 1 fr. 10 cent. au lieu de 1 f. 50 c.

	Paris, 31 *mai.*	Insp. n° 3.
745	Midi 10 minutes.	*Place n°* 8.
Désirées.		*Descendant des Batignolles ;*

a marqué 1 f. 25 c. au lieu de 1 f. 75 c.

	Paris, 21 *septembre.*	Insp. n° 15.
1299	Midi 1/4.	*Place n°* 2.
Comp. gén.		*Venant du pont de Neuilly ;*

a marqué 1 f. 25 c. au lieu de 2 f. 50 c.

	Paris, 12 *août.*	Insp. n° 33.
131	11 h. 1/2 soir.	*Place n°* 51.
Comp. gén.		*Venant de St-Mandé ;*

a marqué 1 f. 10 c. au lieu de 1 f. 50 c.

ART. 75.

Bulletin *rose.*

Cocher absent en tête.

374	*Paris,* 3 *août.*	Insp. n° 6.
	Midi 10 m.	*Place n°* **72.**
DAREAU.	Absent en tête.	

1431	*Paris, 7 juin.*	Insp. n° 17.
P. G.	9 h. 1/2 soir.	*Place n°* 60.
	Absent en tête.	

ART. 76.

Bulletin *rose.*

Cocher qui manque la charge.

Paris, 10 *mai.* Insp. n° 13.

682 10 h. 1/2 matin. *Place n°* **34.**

Éoliennes. Absent, manque la charge qui a été prise par le n° 262.

Paris, 9 *novembre.* Insp. n° 24.

994 7 h. 1/2 soir. *Place n°* **66.**

GUILLAUME. Par absence, manque la charge qui a été prise par le n° 1204.

Paris, 18 *décembre.* Insp. n° 8.

333 11. h. soir. *Avançage* **13.**

HÉDELIN. Manque la charge; il était à causer avec d'autres cochers; le voyageur n'a pas pris de voiture.

Paris, 21 *février.* Insp. n° 29.

1219 9 h. matin. *Réserve n°* **23.**

Comp. gén. Manque la charge, prise par le n° 799.

ART. 77.

Bulletin *rose*.

Cocher qui refuse de charger.

	Paris, 7 septembre.	Insp. n° 15.
1204	10 h. 40 m. soir.	*Place n°* 36.
Comp. gén.	Refuse la charge; c'est le n° 1205 qui a pris la charge.	

	Paris, 17 novembre.	Insp. n° 14.
1435	10 h. matin.	*Place n°* 12.
P. G.	Refuse la charge prise par le n° 1017.	

	Paris, 28 août.	Insp. n° 16.
623	11 h. 3/4 soir.	*Défilé Vaudeville.*
Croix de Malte.	Refuse la charge disant: *C'est trop loin*, ou *ce n'est pas dans mon quartier;* c'est le n° 123 qui a pris la charge.	

	Paris, 14 novembre.	Insp. n° 27.
889	9 h. soir.	*Défilé Opéra.*
Comp. gén.	Refuse la charge et la donne au n° 1123.	

ART. 78.

Bulletin *rose.*

Cocher qui veut surtaxer les voyageurs.

1364 *Paris, 17 avril.* Insp. n° 51.
11 h. 55 m. soir. *Défilé Opéra.*

Comp. gén. Qui, avant minuit, veut faire payer le prix de la course après minuit, manque la charge.

---

834 *Paris, 20 novembre.* Insp. n° 27.
4 h. soir. *Place n° 7.*

Comp. gén. Exige plus que la course, pour un voyageur qui a du bagage.

Lorsqu'un inspecteur sera témoin de ces faits, il préviendra le public, pour le premier cas, qu'il ne doit que la course de jour; pour le deuxième cas, qu'il n'est dû au cocher que ce que les voyageurs voudront bien lui donner.

1111 *Paris, 18 décembre.* Insp. n° 18.
Minuit 1/4 *Défilé Gymnase.*

Lutéciennes Demande double course.

1434 *Paris, 16 août.* Insp. n° 23.
Minuit 1/2. *Défilé Temple.*

Comp. gén. Demande double course.

L'inspecteur préviendra le public qu'il ne doit que 1 fr. 75 c.

Tarif en vigueur le 1er Janvier 1853.

DE SIX HEURES MATIN A MINUIT.

	La Course.		L'Heure.
Cabriolets...........	1 fr. 10	......	1 fr. 50
Petits fiacres........	1 fr. 25	......	1 fr. 75
Grands fiacres.......	1 fr. 50	......	2 fr. »

DE MINUIT A SIX HEURES.

	La Course.		L'Heure.
Cabriolets...........	1 fr. 75	......	2 fr. 50
Petits fiacres..	1 fr. 75	.. . .	2 fr. 50
Grands fiacres.......	2 fr. »	......	3 fr. »

Sont considérées comme *intérieur* de Paris les entrées aux cimetières, au chemin de fer de Sceaux, à l'Hipodrome, quoique placés hors barrière, et toute la ligne des boulevards extérieurs.

EN DEDANS DU MUR D'ENCEINTE.

Cabriolets......	1 fr. 50	l'Heure.
Petits fiacres.................	1 fr. 75	*Id.*
Grands fiacres................	2 fr. »	*Id.*

Du rond-point placé en dedans de la Porte-Maillot, le cocher ne peut exiger que la course du dedans du mur d'enceinte.

EN DEHORS DU MUR D'ENCEINTE.

Cabriolets....................	2 fr. »	l'Heure.
Petits fiacres..	2 fr. »	*Id.*
Grands fiacres................	3 fr. »	*Id.*

Plus, le temps du retour à sa première place.

ART. 79.

Bulletin *rose.*

Cocher qui, par un temps froid, ne met pas la couverture.

699	*Paris*, 21 *mars.*	Insp. n° 6.
	10 h. soir.	*Place n°* **12.**
Désirées.	N'a pas mis la couverture sur son cheval.	

1366	*Paris*, 18 *novembre.*	Insp. n° 47.
	6 h. 1/2 soir.	*Place n°* **3.**
Comp. gén.	N'a pas mis les couvertures sur ses chevaux.	

ART. 80.

Bulletin *rose*.

Cocher qui, par un temps de pluie, ne met pas les caparaçons.

Paris, 16 *novembre*. Insp. n° 36.

1200 11 h. 50 m. mat. *Place n°* **22**.

DE BRÉMONT N'a pas mis les caparaçons, par un temps de pluie.

Paris, 29 *décembre*. Insp. n° 13.

1502 8 h. 40 m. soir. *Place n°* **23**.

Lebreton. N'avait pas mis les caparaçons, par un temps de pluie.

ART. 81.

Bulletin *rose*.

Cocher qui ne met pas les couvertures sous les caparaçons, par un temps de pluie et froid.

	Paris, 21 *mars*.	Insp. n° 31.
494	6 h. 1/2 soir.	*Place n°* 34.

Obligeantes N'a pas mis les couvertures sous le caparaçon.

	Paris, 3 *février*.	Insp. n° 47.
1494	11 h. 3/4 soir.	*Défilé Opéra*.

LEBRETON. N'a pas mis les couvertures sous les caparaçons.

ART. 82.

Bulletin *rose.*

Cocher qui fait boire son cheval ayant chaud.

69 — *Paris,* 21 *août.* — Insp. n° 7.

HÉDELIN. — 3 h. 3/4 soir. — *Place n°* **13.**

Fait boire son cheval étant en sueur.

---

474 — *Paris,* 21 *décembre.* — Insp. n° 29.

MALDANT. — 2 h. 5 m. soir. — *Place n°* **27.**

Fait boire son cheval ayant chaud.

ART. 83.

Bulletin *rose.*

Cocher qui laisse la musette vide au nez de son cheval.

	Paris, 18 *septembre.*	Insp. n° 37.
1111	6 h. 1/2 soir.	*Place n°* **34.**
Lutéciennes	Causait avec d'autres cochers et ne retirait pas la musette vide à son cheval.	

	Paris, 14 *août.*	Insp. n° 18.
317	10 h. matin.	*Place n°* **12.**
La Villette.	Dormait sur son siége ; le cheval avait la musette vide.	

	Paris, 18 *novembre.*	Insp. n° 17.
1367	10 h. 1/2 matin.	*Place n°* **5.**
Comp. gén.	Cocher absent, les musettes vides aux chevaux.	

ART. 84.

Bulletin *rose.*

Cocher qui laisse passer sa voiture de la *réserve* à la *place,* ou de la *place* à l'*avançage*, par le cantonnier.

	Paris, 11 *septembre.*	Insp. n° 53.
49	5 h. 1/2 soir.	*Réserve n°* 49.
PIGEON.	Cocher absent ; le cantonnier passe sa voiture sur la *place.*	

	Paris, 11 *mars.*	Insp. n° 36.
804	8 h. soir.	*Place n°* 7.
Cérès.	Cocher absent ; le cantonnier passe sa voiture à l'*avançage.*	

ART. 85.

Bulletin *rose.*

Absence de plus d'une heure après le *visa.*

518 — *Désirées.*

Paris, 18 *juin.* Insp. n° 22.

7 h. 3/4 soir. *Place n°* 6.

Absent jusqu'à 10 h., ayant été visé.

1608 — THÉVENIN père.

Paris, 14 *octobre.* Insp. n° 14.

8 h. soir. *Place n°* 14.

Absent jusqu'à 10 h. 1/2, ayant été visé.

ART. 86.

Bulletin *rose.*

Cocher s'absentant sans donner sa feuille sur des places où il y a des stationnaires.

	Paris, 11 *mars.*	Insp. n° 9.
153	7 h. matin.	*Réserve n°* 49.
AVALLE.	S'en va chez le marchand de vin, ne revient qu'à 10 h., part sans visa.	

	Paris, 6 *décembre.*	Insp. n° 25.
111	7 h. 1/2 soir.	*Place n°* 73.
Comp. gén.	Ne donne pas sa feuille au visa, s'en va chez le marchand de vin, ne revient qu'à 10 h. 1/2.	

ART. 87.

Bulletin *rose*.

Cocher trouvé en état d'ivresse, non envoyé en fourrière.

Paris 8 mars. Insp. nº 32.

446 8 h. matin. *Place nº* 11.

MALDANT. Cocher trouvé en état d'ivresse; prévenu le surveillant qui ne l'a pas envoyé en fourrière, ne le trouvant pas assez ivre.

Paris, 1er avril. Insp. nº 39.

7 h. soir. *Place nº* 34.

1117

Lutéciennes Cocher trouvé en état d'ivresse; prévenu le surveillant qui ne l'a pas envoyé en fourrière, l'a fait mettre en queue, disant : *cela se passera quand il aura dormi.*

ART. 88.

Bulletin *rose.*

Cocher en état d'ivresse, envoyé en fourrière.

1299 *Paris*, 21 *octobre.* Insp. n° 29.
8 h. 1/2 soir. *Place n°* **10**.
Comp. gén. En état d'ivresse ; envoyé en fourrière.

---

804 *Paris*, 4 *octobre.* Insp. n° 2.
9 h. matin. *Place n°* 34.
Cérès. En état d'ivresse ; envoyé en fourrière.

ART. 89.

Bulletin *rose.*

Cochers envoyés en fourrière pour divers motifs.

417 *Paris, 21 août.* Insp. n° **16.**

9 h. matin. *Place n°* **22.**

MALDANT. Envoyé en fourrière; n'avait pas ses papiers en règle.

1100 *Paris, 16 déc.* Insp. n° **17.**

1 h. 1/2 soir. *Place n°* **6.**

Lutéciennes Envoyé en fourrière ; ayant refusé de charger.

1300 *Paris, 11 janvier.* Insp. n° 36.

3 h. soir. *Place n°* **12.**

Comp. gén. Envoyé en fourrière ; cocher absent depuis 10 heures.

1196 *Paris, 7 mars.* Insp. n° 7.
3 h. 1/4 soir. *Place n°* 66.
DE BRÉMONT Envoyé en fourrière; cheval morveux.

Paris, 17 *septembre.* Insp. n° 21.
1360 3 h. 1/2 soir. *Place n°* 27.
P. L. Envoyé en fourrière; cocher mis au poste pour avoir battu ses voyageurs.

Paris, 25 *décembre.* Insp. n° 42.
373 4 h. 1/2 soir. *Place n°* 49.
DAREAU. Envoyé en fourrière; cocher ayant insulté le surveillant.

Art. 90.

Bulletin *rose*.

Cocher faisant trotter ses chevaux dans les rues dont la pente est rapide.

Paris, 8 *mai*. Insp. n° 3.

1115 2 h. 1/2 soir. *Montant chargé*

Lutéciennes *rue de la Harpe ;*

fait trotter ses chevaux.

Paris, 31 *décembre*. Insp. n° 29.

1367 5 h. 1/2 soir. *Montant chargé rue*

Comp. gén. *Notre-Dame-de-Lorrette ;*

fait trotter ses chevaux.

ART. 91.

Bulletin *rose.*

Cocher qui, faisant trotter ses chevaux, les laisse tomber dans les rues dont la pente est rapide.

Paris, 4 mars. Insp. n° 15.

1000 4 h. 1/2 soir. *Descendant chargé rue d'Amsterdam ;*

DESSAUX.

allant trop vite, laisse tomber son cheval et casse son brancard.

Paris, 27 avril. Insp. n° 12.

1104 2 h. 25 m. soir. *Descendant chargé rue Notre-Dame-de-Lorrette ;*

Lutéciennes

allant trop vite, laisse tomber son cheval et casse un brancard.

ART. 92.

Bulletin *rose*.

Cocher qui passe à vide sur une place où il pourrait se tourner.

	Paris, 18 *octobre*.	Insp. n° 51.
1501	3 h. 1/2 soir.	*Place n°* **22**,
LEBRETON.	Passe à vide; il aurait pu se tourner en tête.	

	Paris, 31 *octobre*.	Insp. n° 3.
1209	7 h. 3/4 soir.	*Place n°* **61**.
Comp. gén.	Passe à vide; il aurait pu se tourner en tête.	

ART. 93.

Bulletin *rose.*

Foin foulé sous les pieds des chevaux.

	Paris, 11 *janvier.*	Insp. nº 2.
553	4 h. 1/2 soir.	*Place nº* 45.

Etoiles. Met le foin devant ses chevaux, s'absente, la file avance et le foin est perdu.

	Paris, 31 *mai.*	Insp. nº 49.
1502	2 h. 1/2 soir.	*Place nº* 63.

LEBRETON. Met le foin devant ses chevaux, va causer avec d'autres cochers, la file avance et le foin est perdu.

ART. 94.

Bulletin *rose.*

Cocher maltraitant ses chevaux.

474	*Paris,* 16 *janvier.*	Insp. n° 26.
	10 h. 1/2 matin.	*Place n°* 36.
MALDANT.	Frappe son cheval à coups de fouet.	

319	*Paris,* 11 *avril.*	Insp. n° 9.
	8 h. matin.	*Place n°* 49.
La Villette.	Frappe son cheval à coups de manche, du côté du gros bout.	

804	*Paris,* 18 *décembre.*	Insp. n° 34.
	11 h. 1/2 matin.	*Place n°* 21.
Cérès.	Frappe son cheval à coups de poing sur la tête.	

1009	*Paris,* 31 *déc.*	Insp. n° 10.
	10 h. 3/4 soir.	*Place n°* 26.
DESSAUX.	Frappe son cheval à coups de pied dans le ventre.	

ART. 95.

Bulletin *rose.*

Cocher conduisant avec un rouquiou.

Paris, 21 *avril.* Insp. n° 15.

156 2 h. 1/4 soir. *Descendant chargé*

MALDANT. *avenue des Champs-Elysées;*

conduit avec un rouquiou.

Paris, 8 *mars.* Insp. n° 6.

1114 2 h. 1/2 soir. *Montant chargé*

Lutéciennes *rue Saint-Denis;*

conduit avec un rouquiou.

Un *rouquiou* est un fouet à manche court; la monture a d'ordinaire un gros nœud au bout, quelquefois un clou.

ART. 96.

Bulletin *rose.*

Cocher qui refuse sa feuille, étant sur la place.

Paris, 8 *novembre.* Insp. n° 33.

1146 8. h. matin. *Place n°* 6.

Lutéciennes M'a refusé sa feuille, disant : *elle n'est pas faite.*

Paris, 28 *août.* Insp. n° 7.

10 7 h. soir. *Place n°* 33.

Eoliennes. M'a refusé sa feuille, disant : *vous avez le temps.*

ART. 97.

Bulletin *rose*.

Cocher trouvé à jouer.

1001	*Paris*, 18 *octobre*.	Insp. n° 6.
	6. h. 1/2 soir.	*Place n°* 38.
DESSAUX.	Jouait aux cartes chez le marchand de vin.	

473	*Paris*, 16 *janvier*.	Insp. n° 57.
	9 h. soir.	*Place n°* 31.
MALDANT.	Jouait au billard chez le marchand de vin.	

1208	*Paris*, 16 *avril*.	Insp. n° 10.
	5 h. 1/2 soir.	*Place n°* 22.
Comp. gén.	Jouait au billard au café.	

1619 *Paris, 1er juin.* Insp. n° 15.

Delta. 5. h. 1/2 soir. *Place n°* 19.

Jouait aux cartes au café.

Paris, 11 septembre. Insp. n° 13.

606 8 h. 1/2 matin. *Place n°* 15.

Obligeantes. Jouait au tourniquet chez le marchand de vin.

1636 *Paris, 19 juillet.* Insp. n° 23.

Delta. 6 h. soir. *Place n°* 2.

Jouait au bouchon sur la station.

ART. 98.

Bulletin *rose*.

Cocher qui a son sac à avoine ou ses musettes sous ses pieds.

Paris, 20 novembre. Insp. n° 31.

131 3 h. soir. *Place n°* **43**.

Comp. gén. Avait son sac à avoine sous ses pieds dans la coquille.

Paris, 6 juillet. Insp. n° 4.

1192 Midi 1/4. *Place n°* **32**.

DE BRÉMONT. Avait ses musettes sous ses pieds dans la coquille.

ART. 99.

Bulletin *rose.*

Cocher qui a son sac sur l'impériale.

1486 — *Paris,* 31 *décembre.* Insp. n° **22.**
V. L. — 3 h. 1/2 soir. *Place n°* **18.**
Son sac à avoine sur l'impériale.

1370 — *Paris,* 31 *juillet.* Insp. n° 10.
Comp. gén. — 3 h. 1/4 soir. *Place n°* **63.**
Son sac à avoine sur l'impériale.

ART. 100.

Bulletin *rose.*

Cocher qui met des malles dans la voiture au lieu de les mettre sur l'impériale pourvue d'une galerie.

Paris, 6 *novembre.* Insp. n° 55.

1373 3 h 1/2 soir. *Place n°* 27.

Désirées. Met des malles dans sa voiture ; je l'ai invité à les mettre sur l'impériale.

Paris, 31 *mars.* Insp. n° 19.

1109 4. h. 25 m. soir. *Place n°* 53.

Lutéciennes Met des malles dans sa voiture, ayant une galerie.

ART. 101.

Bulletin *rose*.

Cocher étant au cabaret refuse d'en sortir pour donner sa feuille.

Paris, 18 *décembre*. Insp. 26.

1199 Midi 1/2. *Place n°* **66**.

DE BRÉMONT Absent ; était chez le marchand de vin ; refuse de m'apporter sa feuille ; le cantonnier l'a prévenu.

Paris, 31 *mars*. Insp. 16.

1210 5 h. 1/2 soir. *Place n°* **19**.

Comp. gén. Absent ; était chez le marchand de vin ; refuse d'en sortir ; il a été prévenu par le surveillant.

ART. 102.

Bulletin *rose.*

Cocher refuse sa feuille, étant gardé.

	Paris, 17 *avril.*	Insp. n° 23.
1280	2 h. 1/2 soir.	*Voiture gardée rue Vivienne.*
Cérès.		

Refuse sa feuille.

	Paris, 10 *décembre.*	Insp. 44.
1367	8 h. 1/4 soir.	*Voiture gardée rue de l'Université.*
Comp. gén.		

Refuse sa feuille.

ART. 103.

Bulletin *rose*.

Cocher ayant la blouse sous le manteau.

Paris, 17 *décembre*. Insp. n° 29.

1104 10 h. 1/2 matin. *Place* n° 6.

Lutéciennes Part chargé, ayant la blouse sous le manteau.

Paris, 29 *novembre*. Insp. n° 1.

809 10 h. 1/2 matin. *Place* n° 8.

Comp. gén. Part chargé, ayant la blouse sous le manteau.

ART. 104.

Bulletin *rose.*

Cocher sale sur lui ou sur ses vêtements.

104 *Paris, 11 juin.* Insp. n° 49.
10 h. matin. *Place n°* 43.
Comp. gén. Avait une redingote pleine de trous.

Paris, 31 décembre. Insp. n° 27.
1100 11 h. 1/2 matin. *Place n°* 13.
Lutéciennes Avait un manteau plein de pièces et d'accrocs.

---

606 *Paris, 24 août.* Insp. n° 46.
6 h. soir. *Place n°* 22.
Obligeantes Avait un pantalon dégoûtant.

Paris, 17 décembre. Insp. 43.
553 2 h 1/2 soir. *Place n°* 41.
Etoiles. Avait la barbe longue et une cravate sale.

ART. 105.

Bulletin *rose.*

Cocher ayant sur le siége une personne autre qu'un apprenti-cocher.

Ce rapport doit indiquer si la personne faisait partie du chargement; par exemple: on met une bonne ou un domestique à côté du cocher; un bourgeois se met en dehors pour fumer, il ne faut pas faire de rapport: mais au contraire, s'ils ont à côté d'eux un homme en blouse ou en casquette, ou un cocher au repos, tandis que dans la voiture il y a des dames bien mises, il faut faire un rapport.

Paris, 21 *mars.* **Insp. n° 15.**

755 3 h. soir. *Montant chargé rue Vivienne.*

Désirées.

Un homme en blouse avec le cocher.

Paris, 25 *novembre.* **Insp. 15.**

1001 5 h. 1/2 soir. *Descendant chargé rue du Faubourg Poissonnière.*

DESSAUX.

Un voyou à côté du cocher.

ART. 106.

Bulletin *rose*.

Cocher n'ayant pas de feuille de travail.

Paris, 29 novembre. **Insp. n° 19.**

699 5 h. 1/2 soir. *Place n°* **21.**

Désirées. A déclaré avoir perdu sa feuille de travail.

Paris, 24 juillet. **Insp. n° 33.**

679 11 h. 3/4 matin *Place n°* **33.**

Eoliennes. A déclaré que l'on ne lui avait pas donné de feuille de travail.

ART. 107.

Bulletin *rose.*

Cocher ayant plusieurs feuilles de travail.

Paris, 16 *mai.* Insp. n° 4.

153

AVALLE. Le cocher avait plusieurs feuilles de travail.

1299 *Paris*, 31 *octobre.* Insp. n° 17.

Comp. gén. 2 h. 1/2 soir. *Place n°* 73.

Avait plusieurs feuilles de travail.

ART. 108.

Bulletin *rose*.

Cocher n'ayant pas ses lanternes allumées à la nuit close.

1067	*Paris*, 31 *mars*.	Insp. n° 34.
	8 h. 1/2 soir.	*Place n°* 2.
Etoiles.	N'avait pas ses lanternes allumées au moment du départ.	

1468	*Paris*, 31 *décembre*.	Insp. n° 10.
V. L.	9 h. 1/4 soir.	*Défilé Opéra.*
	N'avait pas ses lanternes allumées.	

Art. 109.

Bulletin *rose.*

Cocher qui ne nettoye pas sa voiture à l'intérieur ni à l'extérieur.

1624	*Paris,* 13 *novembre.*	Insp. 13.
Delta.	7 h. 1/2 matin.	*Place n°* **15**.
	N'a pas nettoyé sa voiture ni ses harnais.	

1074	*Paris,* 17 *février.*	Insp. 35.
Etoiles.	9 h. 1/2 matin.	*Place n°* **58**.
	N'a pas nettoyé sa voiture, malgré mon invitation.	

ART. 110.

Bulletin *rose*.

Cocher qui reste sur sa station après avoir été averti qu'il ferait *choux-blanc*.

	Paris, 18 *mai*.	Insp. n° 44.
555	8 h. 1/4 soir.	*Place n°* **7**.
Etoiles.	**Prévenu qu'il ne chargerait pas; je l'ai laissé à 11 h. du soir.**	

	Paris, 18 *août*.	Insp. n° 20.
1006	7 h. 1/2 soir.	*Place n°* **1**.
DESSAUX.	Prévenu qu'il ne chargerait pas; je l'ai laissé à minuit.	

ART. 111.

Bulletin *rose.*

Cocher qui, par refus de rester, manque la charge.

Paris, 19 *juin.* Insp. n° 30.

1451 3 h. 1/2 soir. *Arrivé chargé au chemin de fer du Nord.*

Algériennes

Refuse de rester où il aurait chargé; les voitures ont manqué.

Paris, 9 *juillet.* Insp. n° 25.

1364 3 h. 1/4 soir. *Arrive chargé du chemin de fer d'Orléans.*

Comp. gén.

Refuse de rester, il aurait chargé de suite; les voitures ont manqué.

ART. 112.

Bulletin *rose*.

Différence dans le produit du travail.

Paris, 8 mai. Insp. n° 4.

1106 *Lutéciennes*

8 h. soir. *Arrivé sur la Place n°* **13.**

Parti de la Place n° 4 à 4 h. soir.

Porté sur sa feuille 3 h. 1/2 au lieu de 4 heures; *différence* 30 minutes, ou 90 centimes.

Paris, 26 août. Insp. n° 16.

804 *Cérès.*

7 h. 1/2 soir. *Arrivé sur la Place n°* **66.**

Parti de la Place n° **4** à 3 h. 1/2 s.

Porté sur sa feuille 3 h. 1/2 au lieu de 4 h., *différence*, 30 min., ou 90 c.

ART. 113.

Bulletin *rose.*

Cocher refusant sa feuille, sous le prétexte qu'il vient charger.

Paris, 16 *juillet.* Insp. n° 14.

55 2 h. 20 m. soir. *rue du Faubourg Poissonnière,*

Abeilles.

Refuse sa feuille, disant : *Je viens charger.*

Paris, 31 *août.* Insp. n° 31.

1101 3 h. 1/4 soir. *Rue Vivienne,*

Lutéciennes Refuse sa feuille, disant : *Je viens charger.*

ART. 114.

Bulletin *rose*.

Cocher que l'on voit payer.

803 *Paris, 17 juin.* Insp. n° 43.

Cérès. 2 h. 1/2 soir. *Jardin des Plantes*

Vu payer.

Paris, 1er octobre. Insp. n° 55.

1367 5 h. 1/4 soir. *Rue Saint-Honoré, n° 320.*

Comp. gén.

Vu payer.

ART. 115.

Bulletin *rose.*

Voiture gardée, du monde dans sa voiture. L'inspecteur ne demandera pas la feuille.

Paris, 17 *novembre.* Insp. n° 22.

373 9 h. 1/2 matin. *Gardé non visé, rue Saint-Marc, n°* 12.

DAREAU.

Un monsieur dans sa voiture.

Paris, 31 *mars.* Insp. n° 46.

999 Midi 1/4 soir. *Gardé non visé, rue d'Alger, n°* 27.

DESSAUX.

Une dame dans sa voiture.

ART. 116.

Bulletin *rose*.

Voiture sans plaque.

131 *Paris*, 16 *avril*. Insp. n° 37.

Comp. gén. 6 h. 1/2 matin. *Place n°* 38.

Voiture sans plaque.

1592 *Paris*, 26 *avril*. Insp. n° 50.

Cérès. 3 h. 1/2 soir. *Place n°* 8.

Voiture sans plaque.

ART. 117.

Bulletin *rose*.

Bagages non attachés.

Paris, 21 mars. Insp. nº 15.

1114 3 h. soir. *Place nº* **27**.

Lutéciennes Refuse d'attacher les bagages à la traverse de la galerie placée derrière lui.

Paris, 29 septembre. Insp. nº 16.

743 9 h. 1/2 soir. *Place nº* **74**.

Étoiles. Arrive chargé, sans avoir attaché les bagages à la traverse de la galerie.

ART. 118.

Bulletin *rose.*

Cochers fumant leurs pipes.

1111	*Paris, 16 octobre.*	Insp. n° 41.
Lutéciennes	11 h. matin.	*Montant chargé boulevard des Capucines,*
	Fumait en conduisant.	

434	*Paris, 12 septembre.*	Insp. n° 15.
MALDANT.	10 h matin.	*Place n°* **12**.
	Part chargé en fumant.	

200	*Paris, 12 octobre.*	Insp. n° 35.
DAREAU.	10 h. matin.	*Part chargé de la Place n°* **11**.
	Fumait sa pipe, quoique parlant à des dames.	

NUMÉROS

ORDINAIRES ET SUPPLÉMENTAIRES

DES VOITURES DE PLACE *.

* — Ce signe indique que les numéros en regard desquels il est placé appartiennent au nom qui est au dessus, et lorsque l'emplacement en est vide, cela signifie que les numéros appartiennent à des personnes qui ne font pas partie de l'*Union*.

VOITURES ORDINAIRES : 1 à 30.

1		26	*Véloces.*
2		27	—
3	*La Villette.*	28	—
4	Mallet père.	29	—
5		30	—
6		31	—
7		32	—
8		33	—
9		34	—
10	*Éoliennes.*	35	—
11		36	—
12		37	
13	*La Villette.*	38	
14		39	
15		40	
16		41	
17		42	Dareau.
18		43	—
19		44	—
20		45	—
21	*Véloces.*	46	*Abeilles.*
22	—	47	—
23		48	—
24	Béreuil.	49	—
25	*Véloces.*	50	—

VOITURES ORDINAIRES : 51 à 100.

51	*Abeilles.*	76	
52	—	77	
53	—	78	*Obligeantes.*
54	—	79	
55	—	80	
56		81	
57		82	
58	Béreuil.	83	
59		84	
60	*Eoliennes.*	85	*Compag. gén.*
61		86	—
62		87	—
63	Béreuil.	88	—
64		89	—
65	*Glaneuses.*	90	—
66	Houlette.	91	—
67		92	—
68		93	—
69	Hédelin.	94	—
70	—	95	—
71	—	96	—
72	—	97	—
73		98	—
74		99	—
75	Béreuil.	100	—

• VOITURES ORDINAIRES : 101 À 150.

101	*Compag. gén.*	126	*Compag. gén.*
102	—	127	—
103	—	128	—
104	—	129	—
105	—	130	—
106	—	131	—
107	—	132	—
108	—	133	
109	—	134	
110	—	135	
111	—	136	
112	—	137	Rabourdin.
113	—	138	—
114	—	139	—
115	—	140	—
116	—	141	—
117	—	142	—
118	—	143	—
119	—	144	Meunier.
120	—	145	—
121	—	146	
122	—	147	
123	—	148	
124	—	149	
125	—	150	

VOITURES ORDINAIRES : 151 à 200.

151		176	Dareau.
152	Avalle.	177	—
153	—	178	—
154	—	179	—
155	—	180	—
156	Maldant.	181	—
157		182	—
158	Hédelin.	183	—
159	—	184	—
160	Dareau.	185	—
161	—	186	—
162	—	187	—
163	—	188	—
164	—	189	—
165	—	190	—
166	—	191	—
167	—	192	—
168	—	193	—
169	—	194	—
170	—	195	—
171	—	196	—
172	—	197	—
173	—	198	—
174	—	199	—
175	—	200	—

VOITURES ORDINAIRES : 201 à 250.

201	Dareau.	226
202	—	227
203	—	228
204	—	229
205	—	230
206	—	231
207	—	232
208	—	233
209	—	234
210		235
211		236
212		237
213		238
214		239
215		240
216		241
217		242
218		243
219		244
220		245
221		246
222		247
223		248
224		249
225		250

VOITURES ORDINAIRES : 251 à 300.

251	276
252	277
253	278
254	279
255	280
256	281
257	282
258	283
259	284
260	285
261	286
262	287
263	288
264	289
265	290
266	291
267	292
268	293
269	294
270	295
271	296
272	297
273	298
274	299
275	300

VOITURES ORDINAIRES : 301 à 350.

N°	
301	
302	Royer.
303	
304	
305	*Obligeantes.*
306	—
307	
308	
309	
310	Houlette.
311	
312	
313	
314	
315	
316	
317	*La Villette.*
318	—
319	—
320	—
321	
322	
323	
324	
325	
326	
327	
328	
329	
330	
331	
332	Rabourdin.
333	Hédelin.
334	
335	
336	
337	
338	
339	
340	
341	
342	
343	
344	
345	
346	
347	
348	Meunier.
349	Royer.
350	

BIBLIOTHÈQUE IMPÉRIALE IMPR.

VOITURES ORDINAIRES : 351 à 400.

351	Ve Pivot.	376	Dareau.
352		377	
353	*Glaneuses.*	378	
354	Houlette.	379	
355		380	*Éoliennes.*
356		381	
357		382	
358		383	
359		384	
360		385	
361		386	
362	*Désirées.*	387	*Glaneuses.*
363		388	
364		389	*Glaneuses.*
365		390	Meunier.
366		391	
367	Houlette.	392	
368	—	393	
369		394	
370		395	
371	Dareau.	396	
372	—	397	
373	—	398	
374	—	399	
375	—	400	

VOITURES ORDINAIRES : 401 à 450.

401		426	Maldant.
402	Meunier.	427	—
403		428	—
404		429	—
405		430	—
406	Meunier.	431	—
407		432	—
408		433	—
409	*Obligeantes.*	434	—
410	Maldant.	435	—
411	—	436	—
412	—	437	—
413	—	438	—
414	—	439	—
415	—	440	—
416	—	441	—
417	—	442	—
418	—	443	—
419	—	444	—
420	—	445	—
421	—	446	—
422	—	447	—
423	—	448	—
424	—	449	—
425	—	450	—

VOITURES ORDINAIRES : 451 à 500.

451	Maldant.	476	Maldant.
452	—	477	—
453	—	478	
454	—	479	
455	—	480	Mallet fils
456	—	481	—
457	—	482	
458	—	483	
459	—	484	
460	—	485	*Désirées.*
461	—	486	
462	—	487	
463	—	488	
464	—	489	
465	—	490	Avalle.
466	—	491	*Obligeantes.*
467	—	492	—
468	—	493	—
469	—	494	—
470	—	495	
471	—	496	
472	—	497	
473	—	498	*Obligeantes.*
474	—	499	
475	—	500	

VOITURES ORDINAIRES : 501 à 550.

501		526	
502		527	
503		528	
504	*Glaneuses.*	529	
505	—	530	
506	—	531	
507	—	532	
508		533	
509		534	
510		535	
511	*Désirées.*	536	
512	*Obligeantes.*	537	
513		538	*Étoiles.*
514	*Désirées.*	539	—
515	—	540	—
516	—	541	—
517	—	542	—
518	—	543	—
519		544	—
520		545	—
521		546	—
522		547	—
523		548	—
524		549	—
525	*Éoliennes.*	550	—

VOITURES ORDINAIRES : 551 à 600.

551	*Étoiles.*	576	
552	—	577	
553	—	578	*Obligeantes.*
554	—	579	—
555	—	580	—
556	—	581	—
557	—	582	
558	—	583	
559	—	584	
560	—	585	
561	—	586	
562	—	587	
563	—	588	
564		589	
565		590	
566		591	
567		592	Ve Pivot.
568	Schumacher.	593	—
569		594	
570		595	
571		596	
572		597	
573		598	
574		599	
575		600	

VOITURES ORDINAIRES : 601 à 650.

601		626	*Croix de Malte.*
602		627	
603		628	
604	*Obligeantes.*	629	*Croix de Malte.*
605	—	630	
606	—	631	
607	—	632	
608	*Éoliennes.*	633	
609	Rabourdin.	634	
610		635	
611	Hédelin.	636	
612	—	637	
613		638	
614		639	
615		640	
616		641	
617		642	
618	*Croix de Malte.*	643	
619	—	644	
620	—	645	
621	—	646	Rabourdin.
622	—	647	
623	—	648	
624		649	*Désirées.*
625	*Croix de Malte.*	650	—

VOITURES ORDINAIRES : 651 à 700.

651	*Désirées.*	676	
652		677	
653	*Glaneuses.*	678	
654	Mallet fils.	679	*Éoliennes*
655	—	680	—
656	Mallet père.	681	—
657	—	682	—
658	—	683	
659		684	
660		685	
661	Ve Pivot.	686	Schumacher.
662		687	*Désirées.*
663		688	—
664		689	—
665		690	—
666		691	—
667		692	—
668		693	—
669		694	—
670	*Glaneuses.*	695	—
671		696	—
672		697	—
673		698	—
674		699	—
675	*Éoliennes.*	700	—

VOITURES ORDINAIRES : 701 à 750.

701	*Désirées.*	726	
702		727	
703		728	
704		729	Béreuil.
705		730	
706		731	
707		732	
708		733	
709	*Désirées.*	734	
710	—	735	*Bienvenues.*
711	—	736	
712	—	737	*Étoiles.*
713	—	738	—
714	—	739	—
715	—	740	—
716	—	741	—
717	—	742	—
718	—	743	—
719	—	744	—
720	—	745	*Désirées.*
721		746	—
722		747	—
723		748	—
724		749	—
725		750	—

VOITURES ORDINAIRES : 751 à 800.

751	*Désirées.*	776	
752	—	777	
753	—	778	
754	—	779	
755	—	780	
756	—	781	
757	—	782	
758	—	783	
759	—	784	
760	—	785	
761	—	786	
762	—	787	
763		788	
764		789	
765		790	
766		791	
767		792	
768		793	
769		794	
770		795	
771		796	
772		797	
773		798	
774		799	
775		800	*Cérès.*

VOITURES ORDINAIRES : 801 à 850.

801	*Cérès.*	826	*Compag. gén.*
802	—	827	—
803	—	828	—
804	—	829	—
805	*Compag. gén.*	830	—
806	—	831	—
807	—	832	—
808	—	833	—
809	—	834	—
810	—	835	—
811	—	836	—
812	—	837	—
813	—	838	—
814	—	839	—
815	—	840	—
816	—	841	—
817	—	842	—
818	—	843	—
819	—	844	—
820	—	845	—
821	—	846	—
822	—	847	—
823	—	848	—
824	—	849	—
825	—	850	—

VOITURES ORDINAIRES : 851 à 900.

851	*Compag. gén.*	876	*Compag. gén.*
852	—	877	—
853	—	878	—
854	—	879	—
855	—	880	—
856	—	881	—
857	—	882	—
858	—	883	—
859	—	884	—
860	—	885	—
861	—	886	—
862	—	887	—
863	—	888	—
864	—	889	—
865	—	890	—
866	—	891	—
867	—	892	—
868	—	893	—
869	—	894	—
870	—	895	—
871	—	896	—
872	—	897	—
873	—	898	—
874	—	899	—
875	—	900	—

VOITURES ORDINAIRES : 901 à 930.

901	*Compag. gén.*	926	*Compag. gén.*
902	—	927	—
903	—	928	—
904	—	929	—
905	—	930	—
906	—	931	—
907	—	932	—
908	—	933	—
909	—	934	—
910	—	935	—
911	—	936	—
912	—	937	—
913	—	938	—
914	—	939	—
915	—	940	—
916	—	941	—
917	—	942	—
918	—	943	—
919	—	944	—
920	—	945	—
921	—	946	—
922	—	947	—
923	—	948	—
924	—	949	—
925	—	950	—

VOITURES ORDINAIRES : 951 à 1000.

951	*Compag. gén.*	976	*Compag. gén.*
952	—	977	—
953	—	978	—
954	—	979	—
955	—	980	
956	—	981	
957	—	982	
958	—	983	
959	—	984	
960	—	985	
961	—	986	
962	—	987	
963	—	988	
964	—	989	*Croix de Malte.*
965	—	990	—
966	—	991	—
967	—	992	—
968	—	993	—
969	—	994	Guillaume.
970	—	995	Dessaux.
971	—	996	—
972	—	997	—
973	—	998	—
974	—	999	—
975	—	1000	—

VOITURES ORDINAIRES : 1001 à 1050.

1001	Dessaux.	1026	*Sylphides.*
1002	—	1027	—
1003	—	1028	—
1004	—	1029	—
1005	—	1030	—
1006	—	1031	—
1007	—	1032	—
1008	—	1033	—
1009	—	1034	—
1010	—	1035	—
1011		1036	—
1012		1037	—
1013		1038	—
1014	*Sylphides.*	1039	—
1015	—	1040	—
1016	—	1041	—
1017	—	1042	—
1018	—	1043	—
1019	—	1044	—
1020	—	1045	—
1021	—	1046	—
1022	—	1047	—
1023	—	1048	
1024	—	1049	
1025	—	1050	

VOITURES ORDINAIRES : 1051 à 1100.

1051		1076	*Lutéciennes.*
1052		1077	—
1053		1078	—
1054		1079	—
1055		1080	—
1056		1081	—
1057		1082	—
1058	*Étoiles.*	1083	—
1059	—	1084	—
1060	—	1085	—
1061	—	1086	—
1062	—	1087	—
1063	—	1088	—
1064	—	1089	—
1065	—	1090	—
1066	—	1091	—
1067	—	1092	—
1068	—	1093	—
1069	—	1094	—
1070	—	1095	—
1071	—	1096	—
1072	—	1097	—
1073	—	1098	—
1074	—	1099	—
1075	—	1100	—

VOITURES ORDINAIRES : 1101 à 1150.

1101	*Lutéciennes.*	1126	*Lutéciennes.*
1102	—	1127	—
1103	—	1128	—
1104	—	1129	—
1105	—	1130	—
1106	—	1131	—
1107	—	1132	—
1108	—	1133	—
1109	—	1134	—
1110	—	1135	—
1111	—	1136	—
1112	—	1137	—
1113	—	1138	—
1114	—	1139	—
1115	—	1140	—
1116	—	1141	—
1117	—	1142	—
1118	—	1143	—
1119	—	1144	—
1120	—	1145	—
1121	—	1146	—
1122	—	1147	—
1123	—	1148	—
1124	—	1149	—
1125	—	1150	—

VOITURES ORDINAIRES : 1151 à 1200.

1151	*Lutéciennes.*	1176	P. G.
1152	—	1177	*Étoiles.*
1153	—	1178	P. G.
1154	—	1179	—
1155	—	1180	
1156		1181	
1157	*Croix de Malte.*	1182	*Étoiles.*
1158	—	1183	
1159	—	1184	*Bienvenues.*
1160		1185	*Cérès.*
1161	*Étoiles.*	1186	
1162	—	1187	*Cérès.*
1163	Thévenin père.	1188	
1164	-	1189	*Obligeantes.*
1165	*Delta.*	1190	—
1166	—	1191	*Étoiles.*
1167	—	1192	De Brémont.
1168	—	1193	—
1169	—	1194	—
1170	—	1195	—
1171	—	1196	—
1172	—	1197	—
1173	—	1198	—
1174	—	1199	—
1175	—	1200	—

VOITURES ORDINAIRES : 1201 à 1250.

1201	De Brémont.	1226	*Désirées.*
1202		1227	
1203		1228	
1204	*Compag. gén.*	1229	
1205	—	1230	
1206	—	1231	
1207	—	1232	
1208	—	1233	
1209	—	1234	
1210	—	1235	
1211	—	1236	
1212	—	1237	*Désirées.*
1213	—	1238	
1214	—	1239	
1215	—	1240	
1216	—	1241	
1217	—	1242	
1218	—	1243	
1219	—	1244	
1220		1245	
1221		1246	
1222		1247	
1223		1248	
1224		1249	
1225		1250	

VOITURES ORDINAIRES : 1251 à 1300.

1251		1276	
1252		1277	
1253		1278	
1254		1279	
1255	*Abeilles.*	1280	*Cérès.*
1256	—	1281	—
1257	—	1282	—
1258	—	1283	—
1259	—	1284	—
1260	*Delta.*	1285	—
1261	*Désirées.*	1286	—
1262	—	1287	—
1263	—	1288	—
1264	—	1289	—
1265	—	1290	—
1266	—	1291	—
1267	—	1292	—
1268	—	1293	—
1269	—	1294	—
1270		1295	—
1271		1296	*Bienvenues.*
1272		1297	—
1273		1298	*Compag. gén.*
1274		1299	—
1275		1300	—

VOITURES ORDINAIRES : 1301 à 1350.

1301	*Compag. gén.*	1326	*Compag. gén.*
1302	—	1327	—
1303	—	1328	—
1304	—	1329	—
1305	—	1330	—
1306	—	1331	—
1307	—	1332	—
1308	—	1333	—
1309	—	1334	—
1310	—	1335	—
1311	—	1336	—
1312	—	1337	—
1313	—	1338	—
1314	—	1339	—
1315	—	1340	—
1316	—	1341	—
1317	—	1342	—
1318	—	1343	—
1319	—	1344	—
1320	—	1345	—
1321	—	1346	—
1322	—	1347	—
1323	—	1348	—
1324	—	1349	—
1325	—	1350	—

VOITURES ORDINAIRES : 1351 à 1400.

1351	*Compag. gén.*	1376	
1352	—	1377	
1353	—	1378	
1354	—	1379	Guillaume.
1355	—	1380	—
1356	—	1381	—
1357	—	1382	
1358	—	1383	
1359	—	1384	
1360	—	1385	
1361	—	1386	
1362	—	1387	
1363	—	1388	
1364	—	1389	
1365	—	1390	
1366	—	1391	
1367	—	1392	Dessaux.
1368	—	1393	—
1369	—	1394	—
1370	—	1395	—
1371	*Désirées.*	1396	—
1372	—	1397	—
1373	—	1398	—
1374	—	1399	*Algériennes.*
1375	—	1400	*Véloces.*

VOITURES ORDINAIRES : 1401 à 1450.

1401	
1402	
1403	
1404	*Désirées.*
1405	
1406	
1407	
1408	*Croix de Malte.*
1409	—
1410	
1411	
1412	
1413	
1414	
1415	
1416	
1417	
1418	
1419	
1420	
1421	
1422	
1423	
1424	
1425	
1426	
1427	
1428	
1429	P. G.
1430	—
1431	—
1432	—
1433	—
1434	—
1435	—
1436	
1437	
1438	*Cérès.*
1439	—
1440	—
1441	
1442	*Désirées.*
1443	
1444	*Désirées.*
1445	—
1446	—
1447	—
1448	
1449	*Croix de Malte.*
1450	—

VOITURES ORDINAIRES : 1451 à 1500.

1451	*Algériennes.*	1476	V. L.
1452		1477	
1453		1478	
1454		1479	
1455		1480	
1456		1481	
1457		1482	
1458		1483	
1459		1484	
1460		1485	
1461		1486	
1462		1487	L. B.
1463		1488	—
1464		1489	—
1465		1490	—
1466		1491	—
1467		1492	—
1468	V. L.	1493	—
1469	—	1494	—
1470	—	1495	—
1471	—	1496	—
1472	—	1497	—
1473	—	1498	—
1474	—	1499	—
1475	—	1500	—

VOITURES ORDINAIRES : 1501 à 1550.

1501	L. B.	1526	*Désirées.*
1502	—	1527	*Bienvenues.*
1503	—	1528	*Désirées.*
1504	—	1529	—
1505	—	1530	*Bienvenues.*
1506	—	1531	*Désirées.*
1507	—	1532	—
1508	*Désirées.*	1533	*Bienvenues.*
1509		1534	—
1510	*Véloces.*	1535	—
1511	*Obligeantes.*	1536	*Désirées.*
1512	—	1537	
1513		1538	*Bienvenues.*
1514		1539	—
1515		1540	*Désirées.*
1516		1541	*Bienvenues.*
1517		1542	*Abeilles.*
1518	*Obligeantes.*	1543	
1519		1544	P. L.
1520		1545	
1521		1546	
1522	*Bienvenues.*	1547	P. L.
1523	*Désirées.*	1548	*Abeilles.*
1524	*Bienvenues.*	1549	P. L.
1525	*Désirées.*	1550	P. L.

VOITURES ORDINAIRES : 1551 à 1600.

1551	P. L.	1576	*Désirées.*
1552	—	1577	—
1553	*Abeilles.*	1578	—
1554	P. L.	1579	—
1555	*Abeilles.*	1580	—
1556	P. L.	1581	*Croix de Malte.*
1557	*Abeilles.*	1582	—
1558	P. L.	1583	—
1559	*Abeilles.*	1584	
1560	P. L.	1585	Thévenin (J.B.).
1561	—	1586	—
1562		1587	*Obligeantes.*
1563	P. L.	1588	
1564	—	1589	*Croix de Malte.*
1565	—	1590	
1566		1591	*Croix de Malte.*
1567	P. L.	1592	*Cérès.*
1568		1593	P. G.
1569	*Algériennes.*	1594	
1570	—	1595	*Cérès.*
1571	—	1596	
1572	—	1597	
1573	—	1598	
1574	—	1599	*Cérès.*
1575	*Désirées.*	1600	—

VOITURES ORDINAIRES : 1601 à 1646.

1601		1624	*Delta.*
1602		1625	—
1603		1626	—
1604		1627	—
1605	Thévenin père.	1628	—
1606	*Obligeantes.*	1629	—
1607		1630	—
1608	Thévenin père.	1631	—
1609	*Désirées.*	1632	—
1610		1633	—
1611	*Delta.*	1634	—
1612	—	1635	—
1613	—	1636	—
1614	—	1637	—
1615	—	1638	—
1616	—	1639	—
1617	—	1640	P. G.
1618	—	1641	
1619	—	1642	
1620	—	1643	
1621	—	1644	
1622	—	1645	
1623	—	1646	

FIN DES NUMÉROS DES VOITURES ORDINAIRES.

On entend par *voitures ordinaires* celles qui roulent tous les jours, et par *voitures supplémentaires* celles qui ne peuvent circuler et stationner que les dimanches, jours fériés et autres jours déterminés par les règlements de police.

VOITURES SUPPLÉMENTAIRES : 1647 à 1700.

1647		1674	
1648	*Cérès.*	1675	
1649	Houlette.	1676	*Compag. gén.*
1650	*Cérès.*	1677	Avalle.
1651		1678	*Obligeantes.*
1652		1679	*Compag. gén.*
1653	Meunier.	1680	—
1654		1681	
1655	*Cérès.*	1682	*Cérès.*
1656	—	1683	
1657		1684	
1658		1685	
1659	*Obligeantes.*	1686	
1660	Mallet père.	1687	L. B.
1661		1688	—
1662		1689	
1663		1690	
1664		1691	
1665	*Obligeantes.*	1692	
1666		1693	
1667		1694	
1668	*Bienvenues.*	1695	
1669	—	1696	
1670	Hédelin.	1697	Hédelin.
1671	Schumacher.	1698	
1672		1699	
1673		1700	*Compag. gén.*

VOITURES SUPPLÉMENTAIRES : 1701 à 1750.

1701	*Glaneuses.*	1726	*Compag. gén.*
1702	Houlette.	1727	—
1703	*Compag. gén.*	1728	—
1704		1729	—
1705	*Lutéciennes.*	1730	—
1706		1731	Maldant.
1707	*Algériennes.*	1732	
1708	Hédelin.	1733	*Compag. gén.*
1709		1734	—
1710	Meunier.	1735	
1711		1736	
1712		1737	
1713		1738	Maldant.
1714	*Compag. gén.*	1739	
1715	*Véloces.*	1740	Royer.
1716	—	1741	*Compag. gén.*
1717	*Compag. gén.*	1742	
1718	P. G.	1743	
1719	—	1744	
1720		1745	
1721		1746	*Compag. gén.*
1722	Dessaux.	1747	—
1723	—	1748	
1724		1749	
1725	*Véloces.*	1750	

VOITURES SUPPLÉMENTAIRES : 1751 à 1800.

1751		1776	*Éoliennes.*
1752		1777	*Cérès.*
1753	*Véloces.*	1778	*Glaneuses.*
1754	*Obligeantes.*	1779	
1755		1780	
1756		1781	Mallet fils.
1757		1782	
1758		1783	
1759	*Bienvenues.*	1784	*Obligeantes.*
1760	*Désirées.*	1785	
1761		1786	
1762	*Compag. gén.*	1787	
1763	*Désirées.*	1788	
1764	P. L.	1789	*Bienvenues.*
1765	*Désirées.*	1790	
1766	*Lutéciennes.*	1791	
1767	—	1792	
1768	—	1793	
1769	—	1794	
1770	—	1795	
1771	—	1796	
1772	—	1797	
1773	—	1798	Maldant.
1774	—	1799	Meunier.
1775		1800	

VOITURES SUPPLÉMENTAIRES : 1801 à 1850.

1801
1802
1803 *Éoliennes.*
1804
1805 Meunier.
1806 —
1807 *Véloces.*
1808
1809
1810 Guillaume.
1811 *Abeilles.*
1812 Hédelin.
1813 *Croix de Malte.*
1814 —
1815
1816 *Compag. gén.*
1817 P. G.
1818
1819
1820
1821
1822 *Obligeantes.*
1823 P. L.
1824
1825 *Véloces.*
1826
1827
1828
1829
1830 *Obligeantes.*
1831
1832
1833
1834
1835
1836
1837 *Lutéciennes.*
1838
1839 *Lutéciennes.*
1840
1841
1842 *Lutéciennes.*
1843 Avalle.
1844 *Lutéciennes.*
1845
1846
1847
1848 *Lutéciennes.*
1849
1850

VOITURES SUPPLÉMENTAIRES : 1851 à 1900.

1851	*Compag. gén.*	1876	
1852	—	1877	Maldant.
1853	—	1878	—
1854	*Lutéciennes.*	1879	—
1855	—	1880	—
1856	—	1881	—
1857		1882	
1858		1883	
1859		1884	
1860	*Compag. gén.*	1885	
1861	*Désirées.*	1886	
1862	—	1887	
1863	—	1888	
1864	—	1889	
1865	—	1890	
1866		1891	
1867	Dareau.	1892	*Croix de Malte.*
1868	—	1893	—
1869	—	1894	—
1870	—	1895	—
1871	—	1896	
1872	—	1897	
1873	V. L.	1898	
1874	—	1899	
1875	—	1900	*Obligeantes.*

VOITURES SUPPLÉMENTAIRES : 1901 à 1950.

1901	*Compag. gén.*	1926	
1902		1927	*Compag. gén.*
1903		1928	
1904	P. L.	1929	
1905		1930	P. L.
1906		1931	
1907		1932	
1908	Ve Pivot.	1933	
1909		1934	
1910		1935	*Algériennes.*
1911		1936	
1912		1937	
1913		1938	
1914		1939	
1915		1940	
1916		1941	
1917		1942	Maldant.
1918		1943	—
1919		1944	
1920		1945	
1921		1946	
1922		1947	
1923		1948	
1924		1949	
1925		1950	*Abeilles.*

VOITURES SUPPLÉMENTAIRES : 1951 à 1999.

1951	
1952	*Lutéciennes.*
1953	—
1954	
1955	
1956	
1957	Ve Pivot.
1958	
1959	
1960	*La Villette.*
1961	De Brémont.
1962	—
1963	*Abeilles.*
1964	—
1965	Rabourdin.
1966	—
1967	*Compag. gén.*
1968	
1969	
1970	
1971	
1972	*Eoliennes.*
1973	Béreuil.
1974	
1975	
1976	
1977	
1978	*Compag. gén.*
1979	
1980	*Bienvenues.*
1981	
1982	
1983	
1984	
1985	*La Villette.*
1986	
1987	
1988	
1989	*Compag. gén.*
1990	
1991	
1992	Thévenin père.
1993	*Etoiles.*
1994	—
1995	—
1996	—
1997	—
1998	—
1999	—

SERVICE DE L'INSPECTION

divisé par section avec indication des numéros des places de stationnement et de leur situation.

1re DIVISION.

Nos des Sections	Nos des Places.	SITUATION.
1	1	Barrière de Passy.
2	2	— de l'Étoile.
3	3	Faubourg Saint-Honoré.
4	6	Place de la Madeleine.
5	4	Rue Monthabor.
	5	Boulevard de la Madeleine.
	16	Marché Saint-Honoré.
6	10	Boulevard des Capucines.
7	11	— des Bains Chinois.
8	12	Boulevard des Italiens.
9	14	Place de la Bourse.
10	15	Rue Rameau.
	17	Rue Montpensier.
11	19	Place des Victoires.
	20	Rue N.-des-Bons-Enfants.
12	18	Place du Palais-Royal.
13	7	*Chemin de fer de Rouen.*

Suite de la **1re Division.**

Nos des Sections	Nos des Places.	SITUATION.
14	57	Quai des Orfèvres.
	58	Quai Conti.
15	72	Quai Voltaire.
	59	Quai Malaquais.
16	53	*Chemin de fer d'Orléans.*
17	55	Barrière de Fontainebleau.
	54	Rue Geoffroy-St-Hilaire.
	56	Quai Montebello.
18	63	Place St.-Michel.
19	61	Place St-Sulpice.
	62	Rue Condé.
20	65	*Chemin de fer de Chartres.*
	64	Barrière d'Enfer.
21	66	Rue de Sèvres.
	67	Boulevard des Invalides.
	60	Rue Taranne.
22	69	Rue de Grenelle-St-Germ
	68	Barrière de l'École.
	70	Rue de l'Université.
	71	Rue Poitiers,

2e DIVISION.

Nos des Sections	Nos des Places.	SITUATION.
23	21	Boulevard Poissonnière.
24	13	— Montmartre.
25	9	Rue de Provence.
	24	Place Breda.
	23	Rue Olivier-St-Georges.
26	8	Barrière de Clichy.
27	22	Rue Richer.
28	27	*Chemin de fer du Nord.*
	26	Rue Lafayette
29	25	Barrière de Rochechouart.
	28	Barrière de Saint-Denis (La Chapelle.)
	29	Barrière de La Villette.
30	73	*Chemin de fer de Strasbourg.*
31	36	Boulevard Bonne-Nouvelle
	37	Place du Caire.
	32	Rue Réaumur (ci-devant rue Royale-St-Martin.
	31	Rue de Bretagne.
32	38	Cloître-St-Jacques.

Suite de la **2e Division.**

Nos des Sections	Nos des Places	SITUATION.
..	30	Barrière de Belleville.
33	47	— de Menilmontant.
	48	— du Père-Lachaise.
34	34	Boulevard St-Denis.
	35	Rue d'Enghien.
35	33	Boulevard St-Martin.
36	45	Rue des Quatre-Fils.
	46	Boulevard du Temple.
37	49	— St-Antoine.
	44	Rue Culture-Ste-Catherine.
38	74	*Chemin de fer de Lyon.*
39	50	Abbaye-St-Antoine.
	51	Barrière du Trône.
	52	— de la Râpée.
40	43	Quai des Ormes.
	42	— Pelletier.
	41	— de Gèvres.
	40	— de la Mégisserie.
	39	Place du Louvre.

NOMS ET DOMICILES

DE

MM. LES ENTREPRENEURS DE VOITURES DE PLACE,

FAISANT PARTIE DE L'UNION,

au 1er *mai* 1853.

NOMS ET

de MM. les Entrepreneurs de Voitures

NOMS.	MARQUES DISTINCTIVES DES VOITURES.
AVALLE.	*Avalle.* . . . .
BESNARD.	*Etoiles.* . . . .
BÉREUIL.	*Béreuil.* . . . .
BRULLON.	*Bienvenues.* . . . . . .
CRESSART.	*Algériennes.* . . . . . .
DAREAU.	*Dareau.* . . . .
DELACOUR.	*Compagnie générale.*
DESSAUX.	*Dessaux.* . . . .
DE BRÉMONT. . . .	*De Brémont.* . . . . .
DRAMART.	*Eoliennes.* . . . .
DUTFOY	*Glaneuses.* . . . .
GONDOUIN.	*P. G.* . . . .
GUILLAUME.	*Guillaume.* . . . .
HÉDELIN.	*Hédelin.* . . . .
HERSANT.	*La Villette.* . . . . . .
HOULETTE.	*Houlette.* . . . .
HOULLIER.	*Désirées.* . . . .
LEBOULANGER. . .	*V. L.* . . . .
LEBRETON.	*L. B.* . . . .

DOMICILES

*de place, faisant partie de l'*UNION.

DOMICILES.	
Grande Rue, 64,	à *Vaugirard.*
rue de Lancry, 63,	à *Paris.*
Chaussée du Maine, 28,	à *Vaugirard.*
rue des Cinq-Moulins, 6,	à *La Chapelle.*
rue Cavé, 10,	*id.*
rue des Poiriers, 2,	*id.*
barrière du Combat, 3,	à *Belleville.*
rue de la Goutte-d'Or, 51,	à *La Chapelle.*
rue de Sèvres, 105,	à *Paris.*
rue Ménilmontant, 68,	*id.*
rue de La Chapelle, 13,	à *Paris.*
rue Lévisse, 5,	à *Montmartre.*
rue Mademoiselle, 10,	à *Vaugirard.*
rue de la Goutte-d'Or, 59,	à *La Chapelle.*
rue de Bordeaux, 20,	à *La Villette.*
Grande Rue, 25,	à *Vaugirard.*
rue des Accacias, 52,	à *Montmartre.*
rue des Dames, 123,	à *Batignolles.*
rue du Chemin de la Gaîté, 13,	*Ch. du Maine.*

NOMS ET

de MM. les Entrepreneurs de Voitures

NOMS.	MARQUES DISTINCTIVES DES VOITURES.
LEMONNIER.	*Obligeantes.* . . . . .
LOUIS.	*P. L.* . . . .
MALDANT.	*Maldant.* . . . .
MALLET père. . . .	*Mallet père.* . . . . . .
MALLET fils.	*Mallet fils.* . . . .
MEUNIER	*Meunier.* . . . .
PASQUIER.	*Cérès..* . . . .
PIGEON (Victor). . .	*Abeilles.* . . . .
PIGEON (Alexis). . .	*Abeilles.* . . . .
Ve PIVOT.	*Ve Pivot* . . . .
RIALLE.	*Véloces* . . . .
RICHARD.	*Lutéciennes et Sylph.*
RIEUSSEC..	*Croix de Malte.* . . .
RABOURDIN.	*Rabourdin.* . . . . . .
ROYER.	*Royer.* . . . .
SCHUMACHER. . .	*Schumacher.* . . . . .
THEVENIN père. . .	*Thevenin père..* . . .
THEVENIN fils. . . .	*Thévenin (J.-B.).* . .
Ve VARIN.	*Delta..* . . . .

DOMICILES

*de place, faisant partie de l'*UNION.

DOMICILES.	
rue Mazagran, 9,	à *La Chapelle.*
rue Lafayette, 141,	à *Paris.*
rue Chabrol, 12,	à *La Chapelle.*
Grande Rue, 47,	*id.*
Grande Rue, 47,	*id.*
boulevard des Fourneaux, 29,	à *Vaugirard.*
Grande Rue, 12,	à *La Chapelle.*
Chaussée du Maine, 42,	à *Vaugirard.*
Chaussée du Maine, 42,	à *Vaugirard.*
rue de Flandre, 149,	à *La Villette.*
rue des Écluses-St-Martin, 4,	à *Paris.*
boulevard Pigale, 50,	à *Montmartre.*
rue Grenelle-St-Germain, 199,	à *Paris.*
rue Ménilmontant, 77,	*id.*
rue de Verneuil, 56,	*id.*
rue de Blomet, 69,	à *Vaugirard.*
boulevard des Fourneaux, 47,	*id.*
rue de Vanves, 112,	*id.*
rue du Delta projetée, 12,	à *Paris.*

NOMS ET

de MM. les Entrepreneurs de Voitures

NOMS.	MARQUES DISTINCTIVES DES VOITURES.

DOMICILES

*de place, faisant partie de l'*Union.

DOMICILES.

NOMS ET

de MM. les Entrepreneurs de Voitures

NOMS.	MARQUES DISTINCTIVES DES VOITURES.

DOMICILES

*de place, faisant partie de l'*UNION.

DOMICILES.

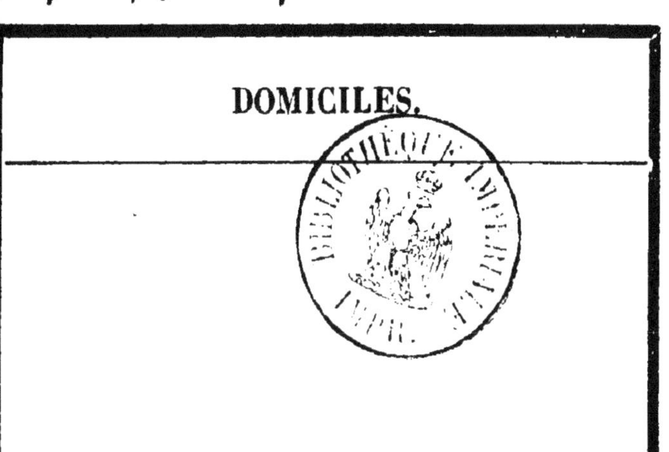

BIBLIOTHÈQUE IMPÉRIALE

Paris. — BOUCQUIN, imprimeur pour le service des voitures, rue de la Sainte-Chapelle, 5.

www.ingramcontent.com/pod-product-compliance
Ingram Content Group UK Ltd.
Pitfield, Milton Keynes, MK11 3LW, UK
UKHW020608180726
13838UKWH00001B/500

9 782329 329093